¿DÓNDE ESTÁ...? MAPAS DEL MUNDO

HEMISFERIOS DE LA TIERRA

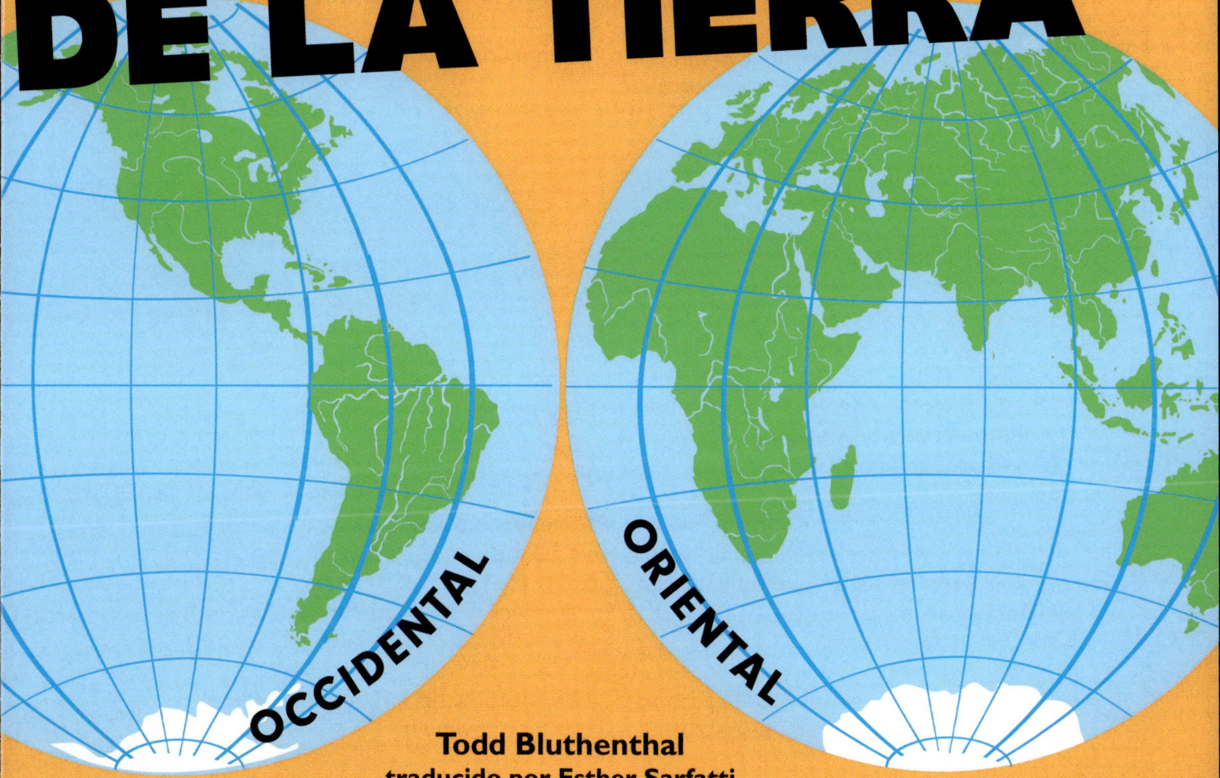

Todd Bluthenthal
traducido por Esther Sarfatti

Gareth Stevens PUBLISHING

Please visit our website, www.garethstevens.com. For a free color catalog of all our high-quality books, call toll free 1-800-542-2595 or fax 1-877-542-2596.

Cataloging-in-Publication Data

Names: Bluthenthal, Todd.
Title: Hemisferios de la Tierra / Todd Bluthenthal.
Description: New York : Gareth Stevens Publishing, 2017. | Series: ¿Dónde está...? Mapas del mundo | Includes index.
Identifiers: ISBN 9781538205150 (pbk.) | ISBN 9781538205105 (library bound) | ISBN 9781538204979 (6 pack)
Subjects: LCSH: Latitude–Juvenile literature. | Longitude–Juvenile literature. | Geographical positions–Juvenile literature.
Classification: LCC QB224.5 B58 2017 | DDC 526'.61–dc23

Published in 2018 by
Gareth Stevens Publishing
111 East 14th Street, Suite 349
New York, NY 10003

Translator: Esther Sarfatti
Editorial Director, Spanish: Nathalie Beullens-Maoui
Designer: Samantha DeMartin
Editor: Joan Stoltman

Photo credits: series art CHAPLIA YAROSLAV/Shutterstock.com; cover, p. 1 Potapov Alexander/Shutterstock.com; p. 5 all_about_people/Shutterstock.com; pp. 7, 9 NoPainNoGain/Shutterstock.com; pp. 11, 13, 15, 17, 19 intrepix/Shutterstock.com; p. 21 (top) 1000 Words/Shutterstock.com; p. 21 (bottom) Li Hui Chen/Shutterstock.com.

Printed in the United States of America

CPSIA compliance information: Batch #CS17GS: For further information contact Gareth Stevens, New York, New York at 1-800-542-2595.

CONTENIDO

Las palabras en **negrita** aparecen en el glosario.

Acerca de los hemisferios

Los mapas y los **globos terráqueos** tienen unas líneas imaginarias que nos ayudan a encontrar diferentes lugares en la Tierra. Estas líneas **dividen** la Tierra en hemisferios. *Hemi* significa "medio" y *sferio (esfera)* significa "globo". Por tanto, *hemisferio* significa "medio globo".

Estas líneas imaginarias reciben el nombre de *líneas de latitud* y *longitud*. Las líneas de latitud van de este a oeste. Nos indican a qué distancia en dirección norte o sur se encuentra un lugar. Las líneas de longitud van de norte a sur. Con ellas podemos saber a qué distancia en dirección este u oeste queda un lugar.

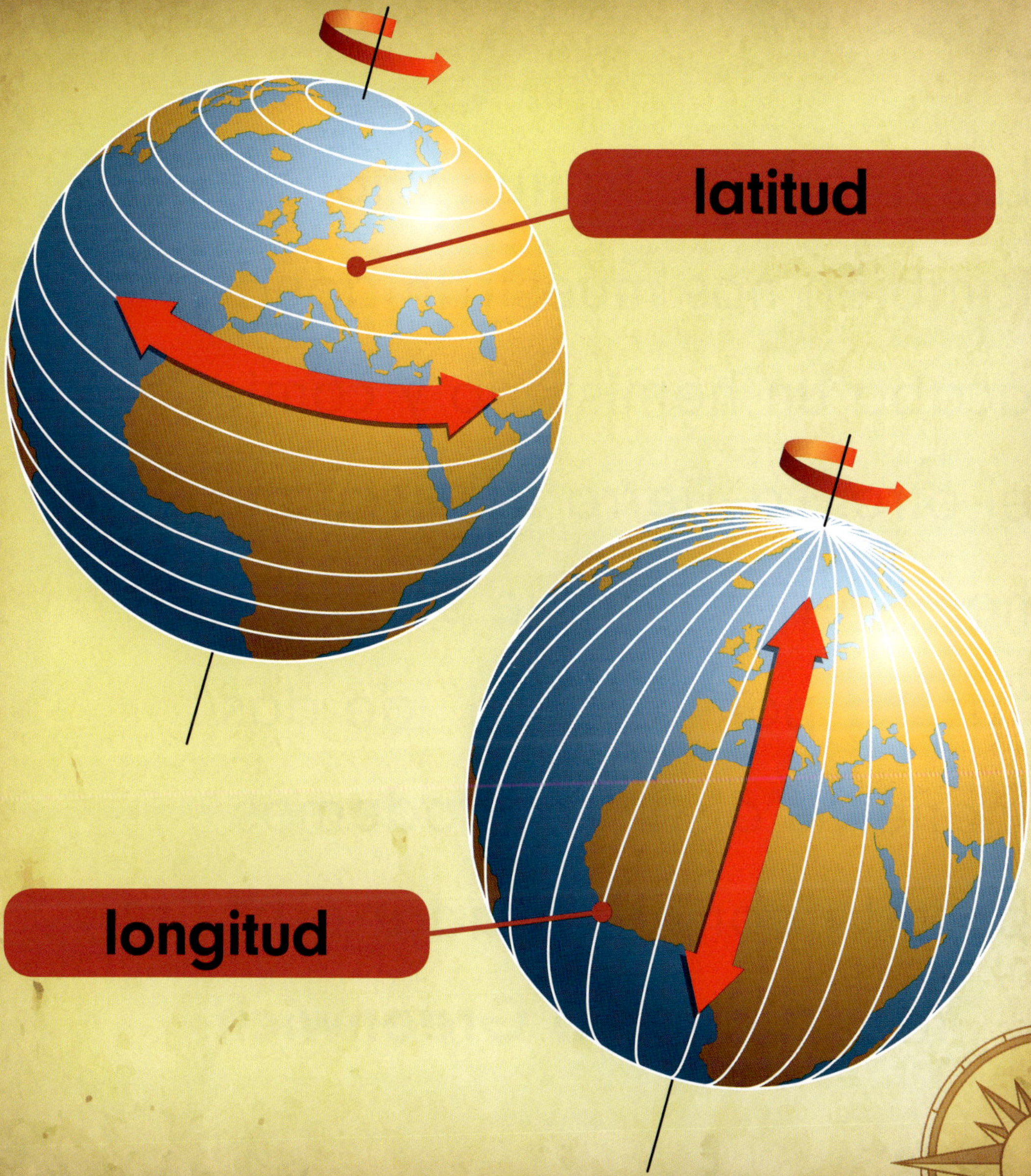
latitud
longitud

Las líneas de latitud y longitud también nos muestran dónde acaba un hemisferio y comienza el otro. La Tierra tiene cuatro hemisferios porque se puede "**partir** por la mitad" de dos maneras distintas. Podemos partirla por el **ecuador** o por el **meridiano de Greenwich**.

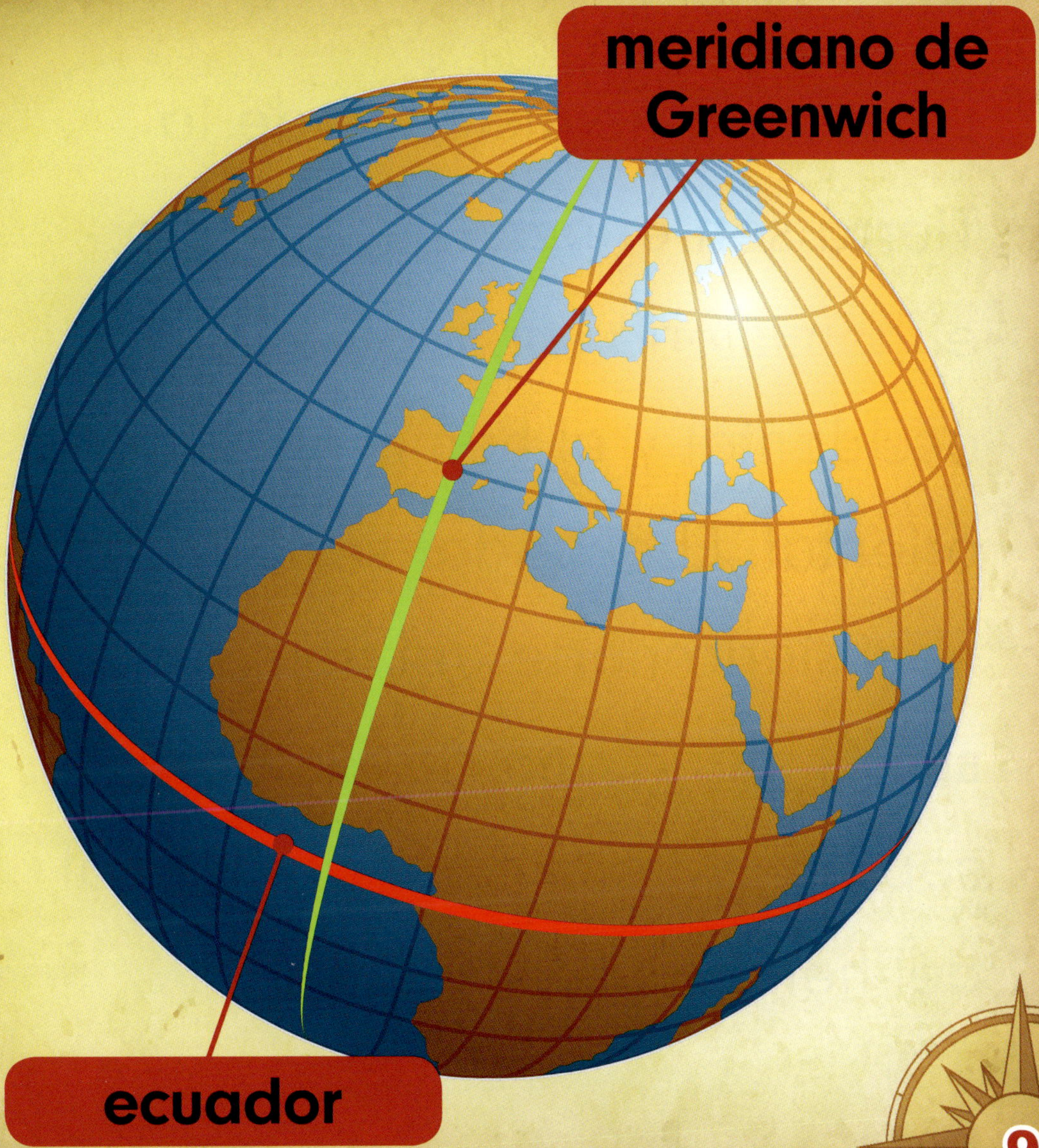
meridiano de Greenwich
ecuador

Los cuatro hemisferios de la Tierra son el hemisferio norte, el hemisferio sur, el hemisferio occidental y el hemisferio oriental. El ecuador separa el hemisferio norte del hemisferio sur. El meridiano de Greenwich separa el hemisferio occidental del hemisferio oriental.

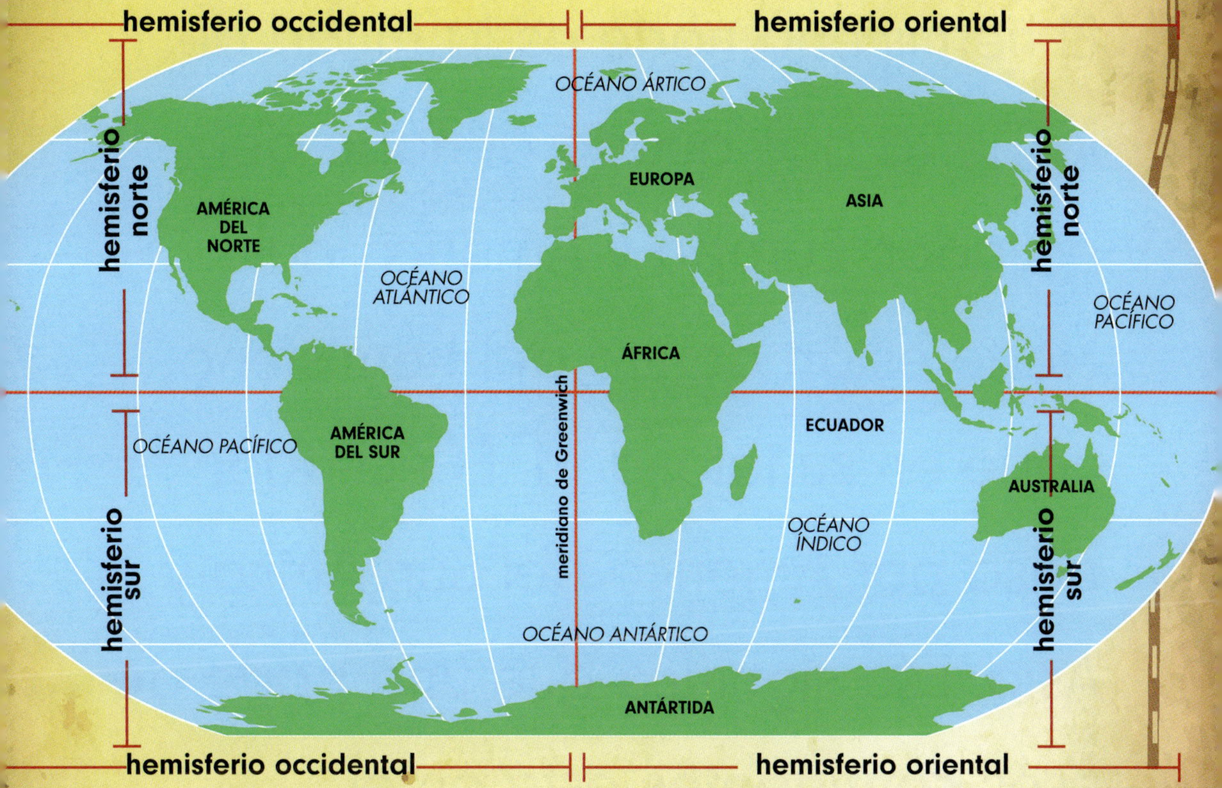
hemisferio occidental
hemisferio oriental
OCÉANO ÁRTICO
hemisferio norte
AMÉRICA DEL NORTE
EUROPA
ASIA
hemisferio norte
OCÉANO ATLÁNTICO
OCÉANO PACÍFICO
ÁFRICA
OCÉANO PACÍFICO
AMÉRICA DEL SUR
meridiano de Greenwich
ECUADOR
AUSTRALIA
hemisferio sur
OCÉANO ÍNDICO
hemisferio sur
OCÉANO ANTÁRTICO
ANTÁRTIDA
hemisferio occidental
hemisferio oriental

El hemisferio norte

El hemisferio norte es la mitad de la Tierra que queda al norte del ecuador. Europa y América del Norte están dentro del hemisferio norte en su totalidad. El ecuador pasa por América del Sur, África y Asia. Eso significa que una parte de esos **continentes** está en el hemisferio norte.

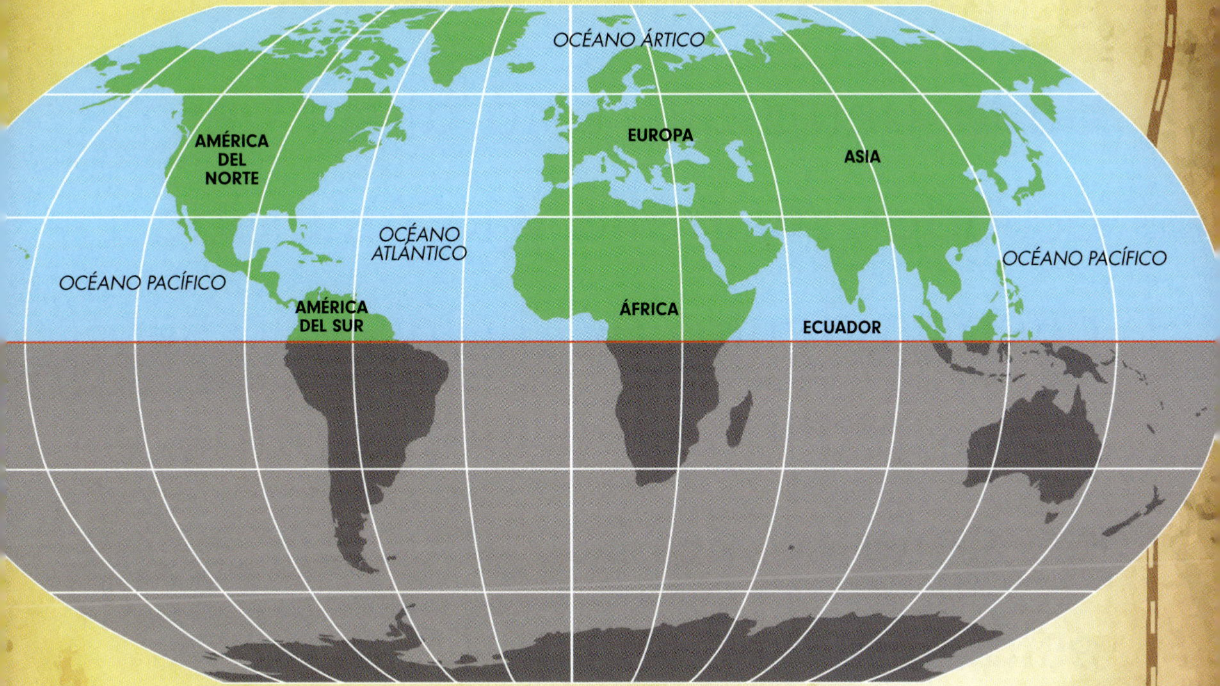
OCÉANO ÁRTICO
AMÉRICA DEL NORTE
EUROPA
ASIA
OCÉANO ATLÁNTICO
OCÉANO PACÍFICO
OCÉANO PACÍFICO
AMÉRICA DEL SUR
ÁFRICA
ECUADOR

El hemisferio sur

El hemisferio sur es la mitad de la Tierra que está al sur del ecuador. Australia y la Antártida quedan dentro del hemisferio sur en su totalidad. La mayor parte de América del Sur también está en este hemisferio. Aquí, es verano de diciembre a marzo.

¡Qué cosa más extraña!

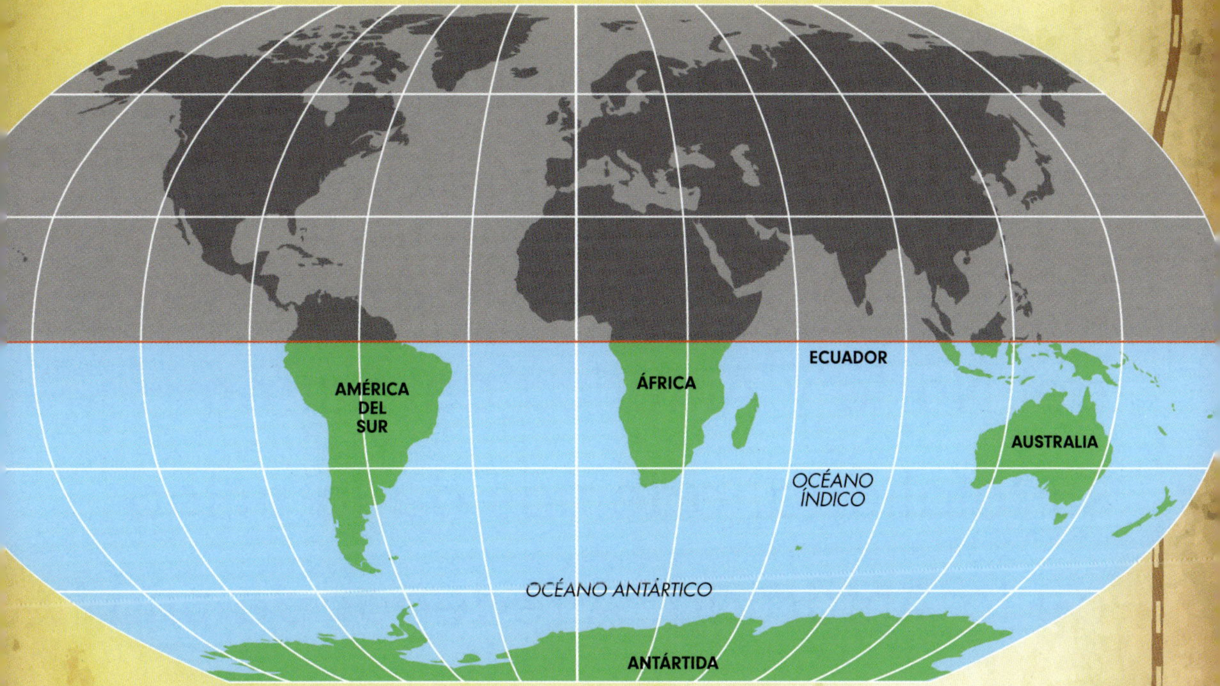
ECUADOR
AMÉRICA DEL SUR
ÁFRICA
AUSTRALIA
OCÉANO ÍNDICO
OCÉANO ANTÁRTICO
ANTÁRTIDA

El hemisferio occidental

La parte de la Tierra al oeste del meridiano de Greenwich se conoce como *hemisferio occidental*. En él están América del Norte y América del Sur en su totalidad, además de la mitad de la Antártida. Alrededor de una tercera parte de la tierra de nuestro planeta está en el hemisferio occidental.

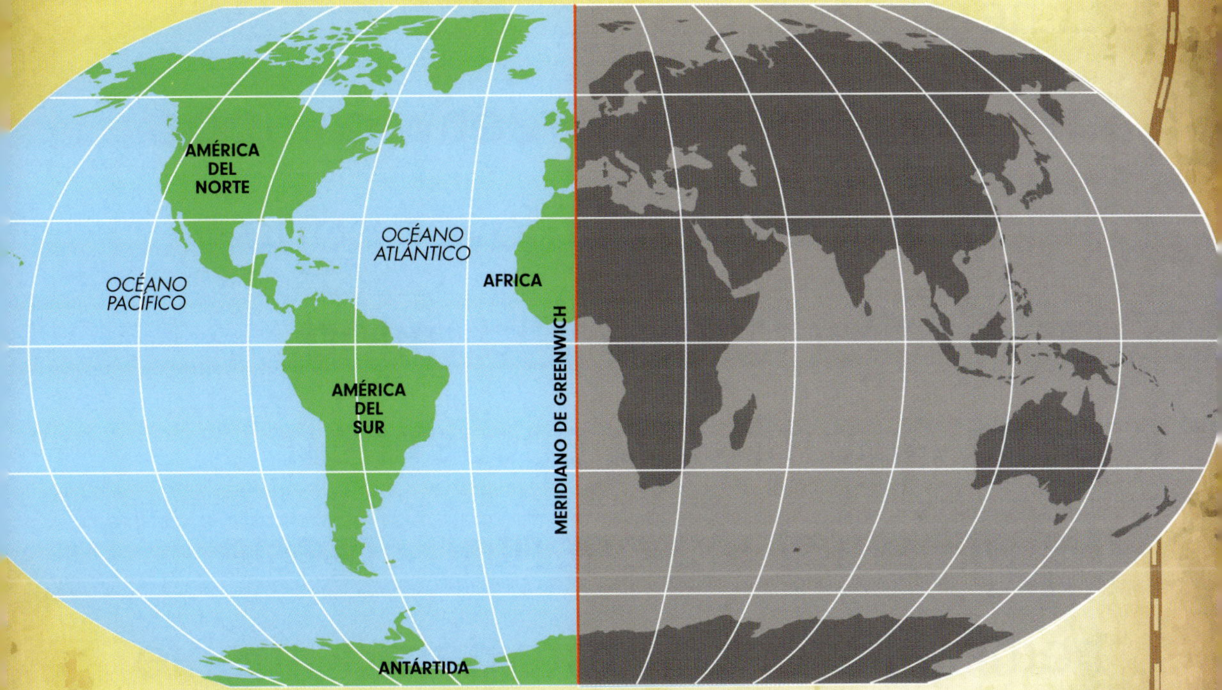
AMÉRICA DEL NORTE
OCÉANO ATLÁNTICO
OCÉANO PACÍFICO
AFRICA
AMÉRICA DEL SUR
MERIDIANO DE GREENWICH
ANTÁRTIDA

El hemisferio oriental

El hemisferio oriental está al este del meridiano de Greenwich. Toda Asia y Australia, la mayor parte de África y Europa y la mitad de la Antártida se encuentran en el hemisferio oriental. En este hemisferio están aproximadamente dos terceras partes de la tierra de nuestro planeta.

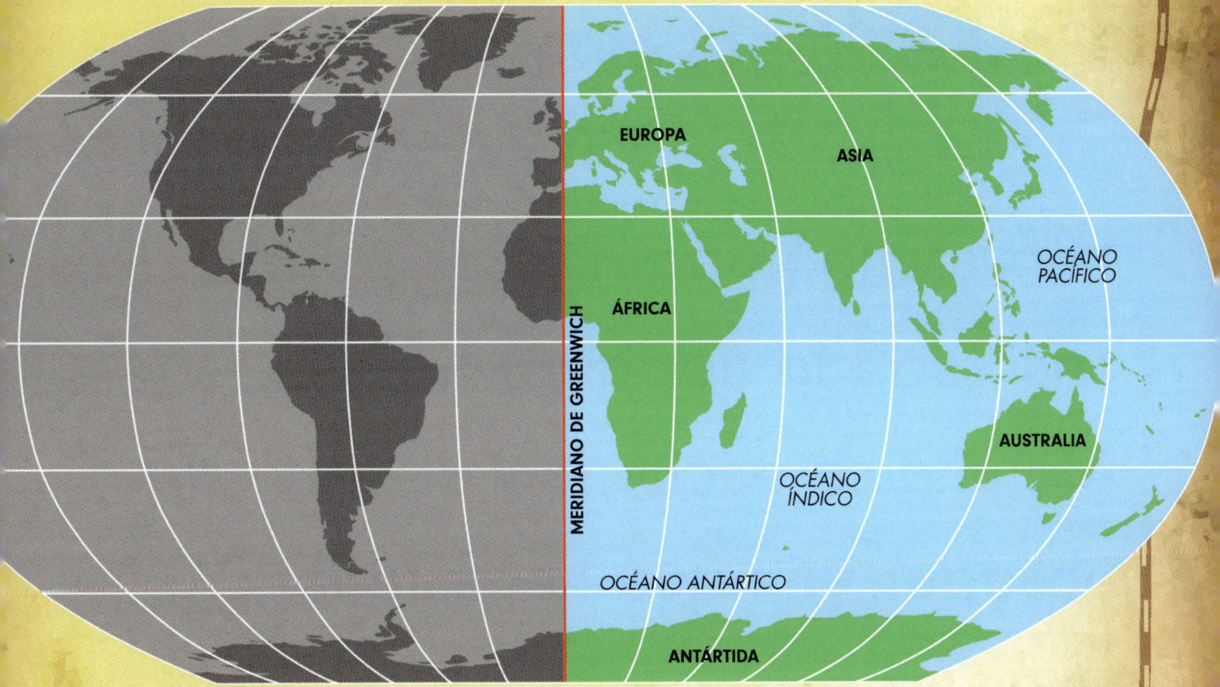
EUROPA
ASIA
OCÉANO PACÍFICO
ÁFRICA
MERIDIANO DE GREENWICH
AUSTRALIA
OCÉANO ÍNDICO
OCÉANO ANTÁRTICO
ANTÁRTIDA

¿Cuánta gente vive allí?

¡Casi el 90 **por ciento** de la **población** de la Tierra vive en el hemisferio norte! Eso es porque casi toda la tierra de nuestro planeta se encuentra al norte del ecuador. ¿En qué hemisferio vives tú?

¡Mucha gente vive en la ciudad asiática de Bangkok!

¡Nadie vive en la Antártida!

GLOSARIO

continente: una de las siete grandes extensiones de tierra de nuestro planeta.

dividir: separar algo en partes.

ecuador: la línea principal de latitud que va de este a oeste.

globo terráqueo: una bola que representa al planeta Tierra.

meridiano de Greenwich: la línea principal de longitud que va de norte a sur.

partir: romper o dividir algo en partes.

población: la cantidad de personas que vive en un lugar.

por ciento: una pequeña parte de un todo.

PARA MÁS INFORMACIÓN

LIBROS

National Geographic Society. *National Geographic Kids Beginner's World Atlas.* Washington, DC: National Geographic, 2011.

Olien, Rebecca. *Longitude and Latitude.* Nueva York, NY: Children's Press, 2013.

Waldron, Melanie. *Mapping the World.* Chicago, IL: Capstone Raintree, 2012.

SITIOS DE INTERNET

Alrededor del mundo
timeforkids.com/around-the-world
¡Viaja alrededor del mundo a través de tu computadora!

Viaja por el globo
teacher.scholastic.com/activities/globaltrek/
Aquí podrás escribir en tu diario de viaje acerca de los países que hayas visitado.

Map Maker 2.0 – Haz tus propios mapas de EE. UU. y otros países
mrnussbaum.com/mapbuilder2/
Pon a prueba tus nuevos conocimientos del mundo a través de la cartografía.

Nota del editor a los educadores y padres: nuestro personal especializado ha revisado cuidadosamente estos sitios web para asegurarse de que son apropiados para los estudiantes. Sin embargo, muchos de ellos cambian con frecuencia, por lo que no podemos garantizar que contenidos que se suban a esas páginas posteriormente cumplan con nuestros estándares de calidad y valor educativo. Les recomendamos que hagan un seguimiento a los estudiantes cuando accedan a Internet.

ÍNDICE